Mother

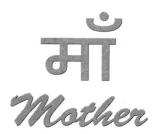

माँ

Mother

डॉ. देवेंद्र कुमार धोदावत

प्रभात
प्रकाशन

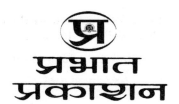

प्रकाशक

प्रभात प्रकाशन प्रा. लि.

4/19 आसफ अली रोड, नई दिल्ली–110002

फोन : 011-23289777 • हेल्पलाइन नं. : 7827007777

इ-मेल : prabhatbooks@gmail.com ❖ वेब ठिकाना : www.prabhatbooks.com

संस्करण

प्रथम, 2025

सर्वाधिकार

लेखकाधीन

पेपरबैक मूल्य

दो सौ रुपए

मुद्रक

आर-टेक ऑफसेट प्रिंटर्स, दिल्ली

———————— ★ ————————

MAA (Mother)

Poems by Dr. Davendra Kumar Dhodawat

Published by PRABHAT PRAKASHAN PVT. LTD.

4/19 Asaf Ali Road, New Delhi-110002

ISBN 978-93-5562-494-9

₹ 200.00 (PB)

ममतामयी माँ
श्रीमती **सायर देवी**
एवं
पिताश्री **पूना रामजी धोदावत**
को
समर्पित

ARIF MOHAMMED KHAN
Governor of Kerala

सत्यमेव जयते

RAJ BHAVAN
Thiruvananthapuram-695 099

प्रस्तावना

भारतीय परंपरा सांसारिक जीवन को एक विषैले वृक्ष के रूप में देखती है, लेकिन यह वृक्ष दो अतुलनीय फल देता है; और वे हैं काव्य रूपी अमृत का रसास्वादन व सत्संग अर्थात् सज्जनों का सान्निध्य।

संसार विष वृक्षस्य द्वि फले अमृतोपमे।
काव्यामृत रसास्वाद सल्लापः सज्जनानैः सह॥

सर्वोत्तम शब्दों का सर्वोत्तम क्रम में सर्वोत्तम उपयोग और भाषा का संगीत ही कविता को मानवीय भावनाओं, भावों और संवेदनाओं की अभिव्यक्ति का सबसे शक्तिशाली माध्यम बनाते हैं।

जब इस माध्यम का उपयोग माता-पिता, विशेषकर माँ से प्राप्त प्रेम के प्रति श्रद्धा व्यक्त करने के लिए किया जाता है तो वह संगीत स्वयं को जादू में परिवर्तित कर लेता है।

डॉ. देवेंद्र कुमार धोदावत, भा.प्र.से. ने सरल शब्दों में माँ के प्यार की गहरी शक्ति, सुंदरता और वीरता का वर्णन किया है। उन्होंने अकल्पनीय का वर्णन करने का एक सुंदर प्रयास किया है और कुछ ऐसी चीजों को कैद किया है, जो शब्दों की शक्ति से परे हैं, लेकिन हृदय महसूस कर सकता है और अनुभव भी।

कोई कह सकता है कि चूँकि हम ईश्वर को अपनी आँखों से नहीं देख सकते हैं, तो ईश्वर ने माँ को इसलिए बनाया कि हम उसके व्यक्तित्व में ईश्वरीय कृपा का आशीर्वाद अनुभव कर सकें। माँ सबसे शुद्ध प्रेम की प्रतिमूर्ति है, जिसे कोई भी, कभी भी जान सकता है।

यही कारण है कि भगवान् राम अयोध्या लौटने के बजाय लंका में रहने के लक्ष्मण के प्रस्ताव को अस्वीकार करते हैं और घोषणा करते हैं—

अपि स्वर्णमयि लङ्का न मे लक्ष्मण रोचते।
जननी जन्मभूमिश्च स्वर्गादपि गरियसी॥

हे लक्ष्मण, यद्यपि यह लंका सोने की बनी है, फिर भी यह मुझे मोहित नहीं करती। माँ और मातृभूमि स्वर्ग से भी अधिक महान् और मोहक हैं।

मैं इस कविता-संग्रह की अनुशंसा उन सभी लोगों से करता हूँ, जो कहते हैं—"मैं जो कुछ भी हूँ या जो कुछ भी बनने की आशा करता हूँ, उसका श्रेय मेरी देवदूत रूपी माँ को जाता है।" मुझे विश्वास है कि उन्हें ये छोटी कविताएँ किसी भी ताजे फूल से अधिक सुंदर लगेंगी।

(आरिफ मोहम्मद खाँ)

ARIF MOHAMMED KHAN
Governor of Kerala

RAJ BHAVAN
Thiruvananthapuram-695 099

सत्यमेव जयते

Foreword

The Indian tradition views worldly life as a poisonous tree, but this tree yields two fruits of incomparable value and they are poetry and communion with noble souls.

संसार विष वृक्षस्य द्वि फले अमृतोपमे।
काव्यामृत रसास्वाद सल्लापः सज्जनानैः सह॥

It is the best use of best words in the best order and the music of the language that makes poetry the most powerful medium of expression of human feelings, emotions and sentiments.

When this medium is used to pay homage to the love one receives from parents particularly mother, that music transforms itself into magic.

Dr. Davendra Kumar Dhodawat, IAS has used simple words to describe the profound power, beauty and heroism of a mother's love. He has made a beautiful attempt to describe what is indescribable and capture something which is beyond the power of words but the heart can feel and experience.

One can say that since we are not able to see God with our eyes, God created mother so that we can experience the blessing of divine grace in her person. Mother is epitome of the purest love, one will ever know.

That explains why Lord Rama rejects the proposal of Lakshman to stay in Lanka instead of going back to Ayodhya and proclaims—

अपि स्वर्णमयि लङ्का न मे लक्ष्मण रोचते।
जननी जन्मभूमिश्च स्वर्गादपि गरीयसी॥

O Lakshman, though this Lanka is made of gold, it does not fascinate me. The mother and motherland are more desirable than paradise.

I commend this collection of poems to all those who say—"All that I am or ever hope to be, I owe to my angel mother." I am confident that they will find these small poems more beautiful than any fresh flower.

(Arif Mohammed Khan)

सत्यमेव जयते

DR. SHASHI THAROOR
Member of Parliament (Lok Sabha), Thiruvananthapuram

15 सितंबर, 2024

'माँ' शीर्षक कविता-संग्रह के लिए एक संदेश

यह संग्रह माँ और बच्चे के बीच के गहरे, अनमोल प्रेम को जीवन के विभिन्न पहलुओं में उकेरता है। जब बच्चा बड़ा हो जाता है, तो वही माँ का स्नेह उसकी मीठी यादों में समा जाता है, जिसे वे कठिनाइयों में ढूँढ़ता है। कुछ के लिए यह प्रेम जीवन की उलझनों में खो जाता है, पर माँ का प्यार कभी नहीं बदलता—वह अडिग और सजीव रहता है।

समय के साथ बच्चा अपनी राह पर बढ़ता है और माँ उस पुराने स्नेह को फिर से पाने की तड़प में जीती है। ये कविताएँ उन्हीं भावनाओं को छोटे-छोटे किस्सों में पिरोते हुए माँ के शाश्वत प्रेम को सुंदरता से उजागर करती है, जो हर समय, हर परिस्थिति में अमर रहता है।

—डॉ. शशि थरूर

219, Block B, Parliament House Annexe Extension, New Delhi 110 001 India
Phone : +91 11 23035737/21410296 Fax +91 11 21410295
97, Lodhi Estate, New Delhi 110 003 India
Phone : +91 11 24644035/24644383 Fax +91 11 24654158
26/1592, Pulimoodu-Govt Press Road, Thiruvananthapuram 695 001 Kerala India
Phone +91 471 2324555 Fax +91 471 2324666
office@tharoor.in • www.shashitharoo

पुस्तक परिचय

"पूछते हैं लोग जिंदगी में
क्या किया है मैंने...
बहुत खुश हूँ मैं जिंदगी से
माँ को हर पल जिया है मैंने।"

सहज विश्वास से भरे ये उद्‌गार जीवन के सुंदर होने का आश्वासन दे रहे हैं और हमें उस प्राणमयी प्रकृति की पावन अंक में होने का अहसास दे रहे हैं और इस भाव का स्वस्तिमयी रूप है 'माँ'। माँ, जो हमें गढ़ती-रचती है, उसे काव्य में गढ़ने का एक विनम्र एवं सुंदर प्रयास किया है डॉ. देवेंद्र धोदावत ने। उनका यह लघु कविता-संग्रह 'माँ' एक भाव है, जिसका लफ्ज-दर-लफ्ज उस कैफियत और पुर-सुकून मकां पर ले जाता है, जैसे एक बच्चा अपनी माँ की गोद में दुबककर गरमाहट पा रहा हो।

इस किताब में लफ्जों को दिल के जज्बातों से सजाकर इस करीने और सहजता से पिरोया गया है कि पढ़ने वाला माँ और उससे जुड़े भावों, संवेदनाओं से लबरेज होता है, उद्वेलित होता है। यह किताब केवल सरल, सौंदर्य-भावों और जीवन के कोमल पक्षों का ही खाका नहीं है, बल्कि देवेंद्र भैया ने जीवन के झंझावातों से दो-चार होते माँ-संतान के संबंधों पर पैनी कलम चलाई है।

"एक कोने में गुजर जाएगा बुढ़ापा,
बच्चों को कितना भरम हो जाता है।
बूढ़े माँ-बाप होते हैं,
बच्चों को दिखना कम हो जाता है।"

मानवीय सभ्यता में माँ प्रेम, त्याग का प्रतीक ही नहीं, बल्कि वह विरसा है, जो ममत्व-भाव का रोपण मनुष्य मात्र में ही नहीं, समस्त प्राणियों में करता है। सैमुअल टेलर कॉलरेज के शब्दों में—A Mother is the Holiest Thing Alive, और यहाँ आप गढ़ते हैं शब्द कुछ इस तरह—

"वो दुआओं का टीका, दो घूँट मीठा दही।
हर इम्तिहां में आज तक, काम आ रहा वही।"

भारतीय परंपरा में समस्त पावन थातियों का सम्मान उन्हें माँ के रूप में पुकार कर किया जाता है। विश्व की सभी सभ्यताओं में माँ की मिसाल नहीं और संतान के लिए उसका त्याग, बलिदान, समर्पण किसी परिचय का मोहताज नहीं। इस पुस्तक 'माँ' की हर कविता जीवन-संघर्ष, जिजीविषा और मानवीय संबंधों को एक साथ प्रस्तुत करने का प्रयास करती है।

"माँ बोली, अब बेटे से बात नहीं होती,
समझ में आया, क्यों गंगा साफ नहीं होती…"

माँ—एक स्त्री के रूप में धुरी की तरह अपने दुःख-दर्द, संतापों को झेलते हुए उदारमना मुसकराती सी साक्षात् दिखाई देती है। वह

कायिक रूप से कमजोर नहीं, शक्ति है, सबला है और संतान को प्रगति की ओर उन्मुख करती है।

इस किताब के हर पन्ने में महक रची-बसी है माँ की ममता की; उसके मृदुल स्पर्श की और व्यक्त करती है कृतज्ञता और आदर के भाव।

यह किताब ओलखाण है, नमन है और समर्पण है उस माँ के नाम, जिसको पुकारने भर से हिया उल्लास और आनंद से सराबोर हो जाता है। डॉ. देवेंद्र के इस प्रथम काव्य-संग्रह 'माँ' के लिए शुभकामनाएँ! माँ को समर्पित काव्य-संग्रह 'जीवन-सुंदर' की इन पंक्तियों के साथ—

उसकी मृदु स्मृति शाश्वत है,
जिससे चिरसंचित यह जीवन।
हिय से निःसृत भाव पुष्प ये,
काव्यबद्ध है, माँ को अर्पण।

सस्नेह!

—**प्रियंका जोधावत**, R.A.S.
आयुक्त,
संस्कृत शिक्षा विभाग,
राजस्थान सरकार, जयपुर

मेरी बात

बाल्यकाल से ही लेखन में मेरी रुचि रही है और मेरी रचनाएँ विद्यालय-महाविद्यालय स्तर पर पत्र-पत्रिकाओं में स्थान पाती रही हैं। आपके समक्ष यह मेरा प्रथम कविता-संग्रह है, जिसे आपको समर्पित करते हुए मैं हर्ष की अनुभूति कर रहा हूँ।

सबसे पहले मैं अपने पिता श्री पूना रामजी धोदावत और माँ श्रीमती सायर देवी को प्रणाम करता हूँ, जिनके आशीर्वाद से मैं यहाँ तक पहुँचा हूँ।

इस द्विभाषी लघु कविता-संग्रह को मैंने 'माँ-Mother' शीर्षक दिया है। इस पुस्तक में सम्मिलित लघु कविताएँ मुख्यत: माँ से संबंधित हैं; शेष रचनाएँ पिता, दादी, भाई, बहन और परिवार से संबंधित मानवीय भावना के विविध पक्षों को शाब्दिक रूप देने का प्रयास है। विश्वास है, आपको यह प्रयास पसंद आएगा।

माँ शाश्वत है, माँ सर्वत्र है, माँ घर-परिवार का आधार है। माँ का त्याग अनवरत एवं मौन त्याग है। माँ की सीख की उपयोगिता का अहसास हमें कठिन पलों से दो-चार होने पर होता है।

"सीमेंट की फर्श पर चॉक से हम लिखते साथ-साथ थे..." सुनने पर मेरी माताश्री की तुरंत प्रतिक्रिया, 'अरे! यह तो मेरे पर लिख दिया' को इस पुस्तक की सर्वश्रेष्ठ मान्यता कहना चाहूँगा।

हमेशा की तरह मेरी जीवनसंगिनी डॉ. रेखा वर्मा (सह-आचार्य,

Maa • 15

अंग्रेजी विभाग) इन रचनाओं की श्रोता व अंग्रेजी अनुवाद में मार्गदर्शक रही हैं, उनका आभार। मेरे ज्येष्ठ पुत्र सुयश (सिविल जज) व कनिष्ठ पुत्र शार्दूल का भी आभार।

अंग्रेजी अनुवाद में श्री एस.डी. प्रिंस का सुझावों के रूप में विशेष सहयोग रहा है। श्रीमती अश्वति पी., श्री मनोज बाबू सी एवं श्री रंजीत शेखर ने भी अपने कार्यालय समय के पश्चात् अपना बहुमूल्य समय दिया है। आप सभी का आभार।

यह पुस्तक आप सुधी पाठकों को समर्पित करते हुए आपके स्नेह और प्रतिक्रिया की प्रतीक्षा रहेगी।

शुभेच्छु!

—डॉ. देवेंद्र कुमार धोदावत
मो. : 9447007868
davendra2424@gmail.com

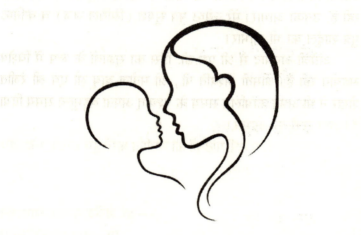

माँ
Mother

(1)

वो दुआओं का टीका
दो घूँट मीठा दही...
हर इम्तिहाँ में आज तक
काम आ रहा वही...

(2)

एक बार ही
मुस्कराई थी वो
तेरे रोने पर...
वरना तेरे
हर दर्द पर
उसकी आँख में
आँसू थे...

(1)

'Tilak' of blessing on forehead
Two sips of sweet curd...
Have been and go on to be
Handy in every test till date...

(2)

Only once had she smiled
Hearing you cry aloud...
Otherwise, in each pain of yours
Her eyes were filled with tears...

(3)

माँ बच्चों की
तक़दीर होती है॰॰
क़ाबिल बच्चे की माँ
बहुत अमीर होती है॰॰

(4)

एक माँ ही है
जो इम्तिहाँ नहीं लेती॰॰॰
वरना
ख़ुदा भी
कोई कसर नहीं छोड़ता॰॰॰

(3)

To the children,
Mother is the fortune...
Mother of capable children,
Possesses great fortune...

(4)

Only mother
Doesn't put you to test...
Or else
Even God
Leaves no stone unturned....

(5)

ये मेला
दुनिया का,
सभी के लिए
एक-सा नहीं होता ⋯
हर दादी की
क़िस्मत में पोता,
'हामिद' सा नहीं होता ⋯

(6)

जब भी गुस्सा हुई
बापू का डर दिखाया माँ ने ⋯
मौका डाँट का आने पर
अपने आँचल में छुपाया माँ ने ⋯

(5)

This fair
of the world,
Is not fairly same
For everyone...
Not every grandmother's destiny
Has grandson like 'Hamid'...

(6)

Mother, whenever she got angry,
Scared me with father's name...
In every turn to be scolded
She'd shield me beneath her stole...

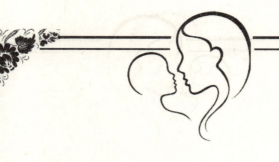

(7)

चिपक जाता था दरख़्त से
मैं सब कुछ छोड़कर...
चुप होता मैं तभी
माँ आती घर लौटकर...

(8)

टॉफी दिलाई बापू ने
फिर भी मन उदास था...
माँ के साए में
जरूर कुछ ख़ास था...

(7)

Leaving aside everything,
I cling to the tree...
Sobbing inconsolably
Until mother is back home...

(8)

Cheerless I remained
Despite the toffee that father gave...
Under the shadow of mother,
There surely was something special...

(9)

कभी दवा तो
कभी घर में आटा नहीं होता...
फिर भी माँ के दिल में
बेटे के लिए दुआओं का घाटा नहीं होता...

(10)

न याद आती है
वो उंगलियाँ,
न याद आती है
वो गोद...
अबोध,
एक बार फिर
हो गया है अबोध...

(9)

Starved of medicine, short of flour
Was the home quite often...
Yet in mother's heart was no dearth
Of blessings to her children...

(10)

No longer in memory are
Those fingers,
Nor the lap...
Innocent was he back then,
Innocent, once again...

(11)

बहुत झुलाया था माँ ने
बेटे को पालने में....
अब वो होशियार हो गया है
माँ को टालने में....

(12)

बच्चों की ख़ातिर
बुढ़ापा,
एक बार फिर
छला गया ...
बच्चा
इतना क़ाबिल हुआ,
बहुत दूर
चला गया ...

(11)

Her son's cradle
Had mother rocked a lot...
Now grown up and smart,
He's adept at evading mother...

(12)

For the sake of children,
Once again, has old age been deceived...
So abled has the child grown
Too far he has gone...

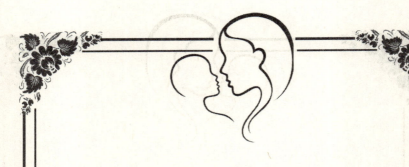

(13)

दवा दी, दुआ दी, माँ ने
भरकर मनचाहा टिफिन दिया ⋯
चंद सिक्के देने के सिवा
मैंने माँ के लिए क्या किया ⋯

(14)

बच्चा बड़ा हो गया, अब
माँ का जूठा नहीं खाता ⋯
फेंकना बच्चे का खाया बिस्किट
माँ के ज़ेहन में नहीं आता ⋯

(13)

Medicine, prayers, the tiffin I loved
What hasn't mother given?
Save for the few coins,
What have I given to mother?

(14)

Having grown up the child no longer
Eats what mother has bitten...
But the thought never crosses mother's mind
To throw away a biscuit her kid has bitten...

(15)

एक कोने में गुज़र जाएगा बुढ़ापा
बच्चों को, कितना भरम हो जाता है ···
बूढ़े, माँ–बाप होते हैं,
बच्चों को, दिखना कम हो जाता है ···

(16)

साथ बैठकर ही खाते थे
बचपन की बड़ी रोटी,
अब वो छोटी हो गई ···
न जाने कब निकल गए
वो मेरे अपने,
अब दुनिया छोटी हो गई ···

(15)

Old age would drag on in some corner,
But children, seem unaware of it...
Though parents are getting old,
It's children who lose sight of reality...

(16)

The large loaf in childhood,
We always savored together...
Sad, it has now shrunk
I wonder when all my kin had left
Now, the world itself has shrunk...

(17)

बच्चे ही अच्छे थे
भाई क्यूँ बड़े हो गए ⋯
एक ही कुनबे में
कई धड़े हो गए ⋯

(18)

गाँव ही अच्छा था
क्यूँ शहर बस गया ⋯
एक ही शहर में
बेटा दूर बस गया ⋯

(17)

Being children was happier
Why did brothers grow up...
Gashing one family,
Into many splinters...

(18)

Why did the village, so serene
Grow into a city so huge and wide...
In the same city lives the son,
But at the far, far end...

(19)

कल रात से माँ ने
खाना नहीं खाया ⋯
इस बार भी बेटा
होली पर नहीं आया ⋯

(20)

रोशनी में
जगमगाता है
उसका बँगला,
अब वो
बूढ़े अँधेरे से
नहीं मिलता ⋯
न जाने
किस रंग में
रंग गया है बेटा,
अब वो होली पर भी
नहीं दिखता ⋯

(19)

Mother has not eaten
Since last night...
This Holi too,
Her son is not in sight...

(20)

In the psychedelic glow of lights
Glitters his bungalow so bright,
That he meets not the aged dark...
In what hue is the son so immersed,
One wonders – now he is
Not seen even during Holi...

(21)

सीमेंट की फ़र्श पर चॉक से
हम लिखते साथ-साथ थे...
मेरे काँपते हाथों को थामते थे
वो माँ के हाथ थे...

(22)

वो क, ख, ग पर ठहर गई
मैं आगे बढ़ गया...
बहुत खुश है माँ
मैं पोथी पढ़ गया...

(21)

Together, we scribbled with chalk
On the cemented floor...
What braced my trembling hand
Was nothing but mother's palm...

(22)

Mother halted at A, B, C
I moved far, far ahead...
So ecstatic is mother for
So well read I've become...

(23)

हिम्मत भी न दे पाई जवाब
दुआओं से भरा सवाल था ⋯
बुलंदियों की शौकत-शान
अब माँ का लाल था ⋯

(24)

वो चूल्हे की आग, हाथ में रोटी
गवाह बन गई ⋯
माँ की ख़्वाहिश
मेरी चाह बन गई ⋯

(23)

Even courage could not dare to yield
So replete with blessings was her query...
Mother's darling,
Now adorns the pinnacle...

(24)

The embers in the hearth,
Roti in hand, were witness...
To Mother's wishes
That glowed as my ambition...

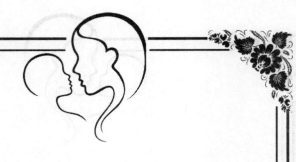

(25)

कहने को कम समझ थी माँ को
हुकूमत के बारे में…
चेहरे पर लिखे थे ख़्वाब उसके
समझ गया सारे मैं…

(26)

नाज़ मुझको बुलंदी का नहीं
सुरूर माँ की खुशी का है…
हाँ, मग़रूर हूँ मैं
ग़ुरूर माँ की खुशी का है…

(25)

Mother, so to say, understood
Very little of governance...
But on her face was writ large,
Her dreams, which I fully understood...

(26)

Filled with pride, am I
Not for being on zenith,
But, owing to mother's happiness...
Yes, intoxicated am I
By the beatific glow of mother's face...

(27)

मैंने कब इतनी
ऊँचाइयाँ चुनी थीं...
बुलंदियों ने माँ की
फ़रियाद सुनी थी...

(28)

मैं बढ़ता रहा आगे
भले ही हालात का ज़हर था...
ये सब तेरी दुआओं का
माँ मीठा असर था...

(27)

When did I seek
Such altitudes...
The zeniths had merely answered
Mother's moving entreaties...

(28)

Toxic vagaries of life notwithstanding,
I continued to be on song, resolute...
In me, O! Mother, was the sweet sway
Of your orisons...

(29)

आँखें भर आईं माँ
गला भर आया माँ···
तेरी शान में लिखा कलमा
पूरा न पढ़ पाया माँ···

(30)

ढलना है तो ढल जाए
कहाँ दरकार सूरज की···
दुआएँ माँ की मेरे लिए
हैं सरकार सूरज की···

(29)

Eyes swelled with tears, Mother!
Throat was so choked that...
The eulogy I wrote in your honour
I couldn't recite in full...

(30)

If it is to set, go ahead and set
Where's the need for the Sun...
When Mother's blessings to me
Is lord of the Sun...

(31)

कभी सिर पर हाथ फेरती है माँ
कभी थामती है हाथ …
छुपा लेती है आँसुओं को
यूँ करती है बात …

(32)

कभी रुला देता हूँ नादां मैं, माँ को
पर मेरे हक़ में, माँ इनसाफ़ करती है …
मेरी सलामती के लिए बेहिसाब दुआएँ कर
मुझ गुनाहगार को, माँ माफ़ करती है …

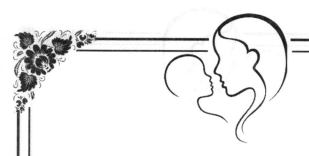

(31)

Mother's palm, at times caresses my head
At times, she holds my hand...
Tears she conceals
And whispers on....

(32)

Being naïve, at times I make mother cry
But mother reckons all in my favour...
And for my wellbeing,
She chants prayers countless
Always pardons this unfair son...

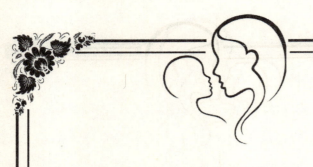

(33)

अपनी ओढ़नी से फाड़कर टुकड़ा
माँ ने जला दिया…
मेरे माथे के हरे ज़ख़्म पर
काजल दबा दिया…

(34)

बेनज़ीर है माँ,
नायाब वो इबादत करती है…
ख़ुदा से ज्यादा, माँ,
बच्चों को याद करती है…

(33)

Mother tears her cotton saree,
Scorches the piece and promptly...
Applies the ash on my fresh wound
As eye salve to cure...

(34)

Nonpareil is the mother,
Whose prayers too are unique...
More than God, her children
Recur in her prayers...

(35)

किसकी नज़र लगेगी
माँ के साए में···
किसकी कमी खलेगी
माँ के साए में···

(36)

कब देता अब बस कंडक्टर आधा टिकट
पर माँ की नज़र में बच्चा हूँ···
बोलता हूँ झूठ माँ से कल मिलने आऊँगा
पर माँ की नजर में सच्चा हूँ···

(35)

Whose evil eye can cast a spell?
In mother's shadow...
There's nothing one lacks
In mother's shadow...

(36)

No longer does the conductor issue half ticket
But in the eyes of mother, I am toddler...
I lie to mother that I'd reach tomorrow,
But in the eyes of mother, I am truthful...

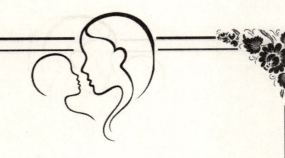

(37)

बेटे के लिए इबादत-दुआ में
माँ का वक्त गुज़रता है $\cdots$
खुश रहती है माँ सोचकर यह
बेटा रोज़ घर के सामने से गुज़रता है $\cdots$

(38)

आँखों का हीरा, सोना
अब सोना भी न रहा $\cdots$
माँ-बाप के लिए घर में
एक कोना भी न रहा $\cdots$

(37)

In prayers for her son,
Mother spends her time...
Mother lives in joy, thinking that
Son crosses her house, each day...

(38)

The apple of their eyes, a jewel!
But not a jewel anymore...
Alas! at home now remains
Not a nook or corner for the parents...

(39)

जहाँ बरतन पाँच होते हैं
कहती है, आवाज़ लाज़िम है ⋯
आँखों से बरसे उसके
आँसू आज रिमझिम है ⋯
नज़र न लग जाए घर को
माँ, कड़वे घूँट लेती है ⋯
बात न बढ़ जाए आगे
माँ, ख़ुद से रूठ लेती है ⋯

(40)

बारिश मुश्किलों की
बिखर जाऊँगा, माटी के बुत की तरह ⋯
ऐ ख़ुदा, मिल जाए मुझको बस
माँ के आँचल में जगह ⋯

(39)

Five vessels in one place
Clatter is inevitable
Her moist eyes, now in drizzle...
Before evil eyes spell harm on the family
Mother swallows the bitter pill...
Lest things turn worst,
Mother quietens herself, withdrawing...

(40)

Torrent of adversities
I will fall asunder like a clay idol...
Oh God, shelter me safe, swaddled
under the cover of my mother's shawl...

(41)

ये परदेस भी, कैसी-कैसी सोच देता है
गोद में बैठा बच्चा, माँ के आँसू पोंछ देता है ...
ख़ालिस है मेरी लिखावट, इसे आँसुओं में धोया है
ऐ माँ परदेस में तेरा बेटा, बहुत रोया है ...

(42)

उड़ा था घरौंदे से
आसमाँ के लिए ...
अब लौटकर आना चाहता हूँ
माँ के लिए ...

(41)

Oh! What all thoughts does this
Land away from home evoke...
The child on mother's lap,
Gently wipes her tears...
Mother, pure is all that I wrote,
Cleansed in tears,
For so much has your son
Wept in a distant land...

(42)

Out from the nest, I took wing
Aiming to touch the skies...
Now, how I long to come back
For mother...

(43)

वो गली, मुहल्ला, गाँव सुहाना
दादी, बुआ, काका, नाना का आना...
थक गए हैं बादल
एक-दो बूँद टपका रहे हैं...
ऐ माँ, वो बचपन के दिन
याद आ रहे हैं...

(44)

कहाँ हो माँ तुम, सोचता है
घर में घुसता हुआ बच्चा...
खुदा ने बयाँ किया है सच्चाई से
यही है प्यार सच्चा...

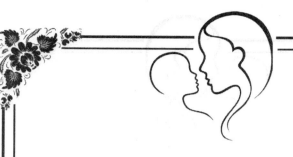

(43)

*How pleasant were
The village, street and neighbourhood,
Visit of Grannies, Grandpa, Aunts and Uncles...
Drizzling a drop or two
Are the clouds, now so weary,
O Mother! memories of childhood
Keep coming back to me.*

(44)

*Where are you, mother, thinks
The child who steps into the house
God in heaven says,
Verily this is true love....*

(45)

सूरज तुम
जा रहे हो,
और चाँद भी
नहीं आएगा ⋯
बच्चों को
झुलाया था गोद में,
उन्हें याद भी
नहीं आएगा ⋯

(46)

साया दरख़्तों का
अच्छी हवा देता है ⋯
साया बुजुर्गों का
सच्ची दुआ देता है ⋯

(45)

Sun, you're taking leave
And, the Moon too shall not come...
The children on her lap she had rocked,
But to them shall not come
Those memories...

(46)

The shadow of trees, gives
A breeze so pleasant...
The soothing shadow of elders
Many a true blessing gives...

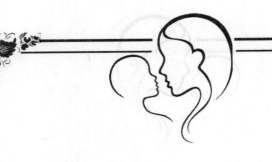

(47)

सताती है
बच्चों की याद
या बुख़ार हो गया है....
बच्चों का भी अपना
घर-बार हो गया है....

(48)

रोया करता था कभी
अब बड़ा हो गया है....
अच्छा है, अपने पाँवों पर
खड़ा हो गया है।

(47)

What torments her so much –
Reminiscences of children
Or the parching fever?
Today, children too
Have their own households...

(48)

There was a time he used to cry
Now, he has grown up...
It's good, now he
Is on his own feet...

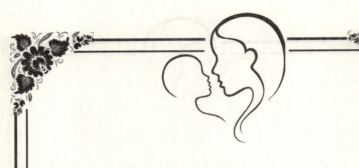

(49)

पहुँच ही जाऊँगा
ख़ैरियत से मेरे घर तक⋯
घूमकर आया हूँ हक़ीमों के,
घर से, तेरे दर तक⋯

(50)

क़बूल कर ली, इबादत
ख़ुदा ने⋯
दवा हक़ीम ने दी
दुआ माँ ने⋯

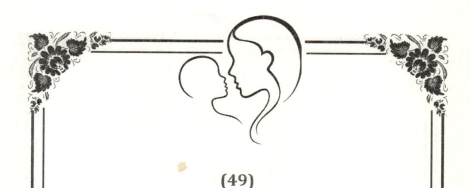

(49)

*Certainly, would I reach
My home in all safety...
Having been to healers so many,
Here I am, at your door, more assured...*

(50)

*Prayers were granted by God,
Medicines given by the Doctor
And blessings, by Mother...*

(51)

भूख मुझको लगी थी
परेशां माँ थी ⋯
जब तक खाना न खाया मैंने
अटकी हुई उसकी जां थी ⋯

(52)

पाँव दरिया में था
मगर से न डरा ⋯
माँ साथ है मेरे
पास तो आ ज़रा ⋯

(51)

It was I who was hungry,
But its pangs were felt by mother...
Numbed her life remained
Until I had eaten...

(52)

Stepped into the river
Yet, the crocodile scares me not...
With me is Mother,
Come near, if you dare...

(53)

इस कान से सुन, उससे निकाल देती है
बिंध गए सो मोती है, हर बार कहती है...
मुश्किलें कितनी भी मुश्किल हों, उस पार रहती है
जब माँ के मुख से दुआओं की धार बहती है...

(54)

नक़ाब है ख़ुशी का चेहरे पर
और आँसू हैं दोस्त अब अकेले में...
मचलता था मैं भी कभी खुशी से
थामकर माँ का आँचल मेले में...

(53)

'Hear through this ear,
forget through the other
Be together, like beads of a chain, strung'...
Difficulties, however insuperable,
Remain on the other shore
When blessings from mother's lips pour...

(54)

A mask of happiness adorns the face
And tears befriend my loneliness...
Elated was I, roaming in fairs,
Clasping the tip of mother's saree...

(55)

माँ बोली, अब बेटे से बात नहीं होती
समझ में आया, क्यूँ गंगा साफ़ नहीं होती ⋯
बस सीखा है तुमने, बहती गंगा में हाथ धोना
घड़ियाली आँसू हैं तुम्हारे, मेरे हाल पर रोना ⋯

(56)

बेटा पास ही रहे, ऐसा कहाँ
हर माँ का मुक़द्दर होता है ⋯
दूर शहर, उसी शहर में दूर
कभी पार-समंदर होता है ⋯

(55)

Mother says rarely she gets son to speak to
Realises why Ganga remains unclean ...
You have learned to wash
your hands in flowing Ganga,
And to show grief on my plight
You shed crocodile tears...

(56)

Son living with mother,
Do all mothers enjoy such fortune...
Sometimes in far off city, or afar in same city
Or at times, even across the sea...

(57)

थक गया है बापू अकेला
बिल्कुल नाराज़ नहीं है···
बच्चों को अहसास कहाँ
बूढ़े गले में आवाज़ नहीं है···

(58)

बरबस ही
आँसू भर जाते हैं
मेरी आँख में···
देखता हूँ जब
मज़दूरी करती माँ को
बच्चा उठाए काँख में···

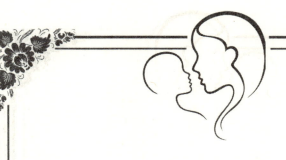

(57)

Weary is father, aloof and forlorn
But not at all annoyed...
To children it does not strike
That there is no voice left in the senile throat...

(58)

All on a sudden
Eyes well up with tears...
Whenever I see
A mother toiling,
With a baby swaddled to her waist...

(59)

ग़मों को बच्चों की तरह पाल लिया
माँ ने ख़ुद को वक़्त के साँचे में ढाल लिया ···
बच्चा है, कौन सा परदेस में रम-बस जाएगा
परिंदा है, शाम को घर लौट आएगा ···

(60)

बढ़ती हुई उम्र
बापू से हार जाती है ···
जब ताउम्र वह बापू से
बचपन का प्यार पाती है ···

(59)

*Sufferings she reared as though offsprings
Mother has shaped herself
in the mould of time...
Child he is, not going to settle abroad
Bird he is, will return home at sundown...*

(60)

*Advancing age
Gets defeated by father...
When throughout life receives from father
The affection of Childhood...*

(61)

जो खुशियाँ होती हैं मेरी अठखेलियों में
कहाँ होती है वो दौलत से भरी झोलियों में...
न अमीर हूँ, न ग़रीब हूँ मैं
मासूम बच्चे का नसीब हूँ मैं...

(62)

आँख कहीं है
तारा कहीं है...
बुढ़ापा कहीं है
सहारा कहीं है...

(61)

The joy and fun in my frolic
Are not found in the wealth filled wallets...
Neither affluent nor insolvent I am
Destiny of the innocent child I am...

(62)

No more is the apple of the eye
With her...
Nor is in sight
Old age succor...

(63)

रहकर उसी शहर में ही
न जाने क्यूँ मजबूर हूँ
ईद-दीवाली के दिन भी
माँ से दूर हूँ…

(64)

अरसा हो गया
बेफ़िक्र बेटे की ज़ुबां पर
कब माँ का ज़िक्र हुआ…
वो माँ ही है
जो याद रखती है उसे
जब-जब करती है दुआ…

(63)

Living in the same city,
Inexplicably helpless...
Even on days like Eid or Diwali,
Away from Mother...

(64)

It's a longtime since son
Mentioned his mother...
Mother that she is,
In her prayers
He is always present...

(65)

समझता रहा क़बूल कर ली ख़ुदा ने इबादत मेरी
पर ये मेरा भरम था***
हक़ीक़त में यह
माँ की दुआओं का करम था***

(66)

माँ-बाप तो मोम हैं
पल में पिघल जाते हैं***
जब भी याद आती है बच्चों की
मिलने निकल जाते हैं***

(65)

Was under the impression
That my prayers, God has accepted
My illusion it was...
In reality
It was the mercy of
Mother's blessings...

(66)

Tender hearted are parents
Melt in no time, like wax...
Whenever children figure in thoughts
Set out to meet...

(67)

मुश्किलों में भी हिम्मत
ग़ज़ब दिखाती है माँ⋯
मुस्कराकर आँसुओं को
अदब सिखाती है माँ⋯

(68)

कल शाम पार्क में
सुना रही थी सहेलियों को
बच्चों के बचपन के
शरारत के क़िस्से, और
फूली नहीं समा रही थी
ख़ुशी के मारे⋯
तब परेशान माँ
रो उठती थी
ग़ुस्से के मारे⋯

(67)

Even in difficulties,
Amazing courage mother displays...
With a smile she teaches
Courtesy to tears...

(68)

At the park yestereve
She was sharing with pals
Tales of her children's mischiefs,
Over joyed
Out of joy...
Back then, this troubled mother
Would weep,
out of anger...

(69)

लौटकर आएँगे
नन्हे परिंदे शाम को,
ये क़िस्से कब
कल के हुए ...
दुनिया ने सराहा
इमारत को,
बोझ नींव के पत्थरों के
हल्के हुए ...
मुस्कुराता है बापू
गुमनामी में भी
और माँ भी अब
कहाँ रोती है ...
मज़बूत इमारतों की
नींव, सुंदर
मज़बूत होती है ...

(69)

The little birds will return at dusk,
When these stories are
tales of days bygone...
The World's praises for the building
lightens the burden of its foundation...
Father smiles
Even in oblivion
And mother too,
No longer weeps...
Beautiful are edifices
With strong foundations...

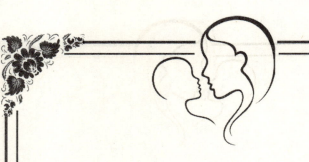

(70)

कब मनाता है बेटा अब
माँ-बाप संग दीवाली...
दूर माँ-बाप का
शहर हो गया है...
साफ़ करना है
उनको भी अपना घर...
बेटे का भी
अपना घर हो गया है...

(70)

No longer does the son
Celebrates Diwali with parents...
That city of Parents has
Become so distant...
He has to clean up
His own house,
Son too has his own house...

(71)

बरसात के बादल,
माँ का बोझ हल्का कर देते थे⋯
खाली बरतन-घड़ों को बच्चे,
छत के पानी से भर देते थे⋯
नहाते बच्चों ने बरसात से,
हार कब मानी⋯
माँ को नहीं खींचना पड़ता था,
कुएँ से पानी⋯
गरमियों के बाद,
बरसात बहुत सुहाती है⋯
जब भी आती है
माँ की याद
साथ लाती है⋯

(71)

Clouds of monsoon
Would ease mother's burden of chores...
Unyielding to the rain,
kids bathe in its showers,
And fill vessels with rain water...
Sparing Mother from fetching
Water from the well...
Rains after the Summer are so pleasing,
Bring along memories of Mother...

(72)

पीते न थकता बच्चा,
ममता का मीठा घोल बना लेती है···
नन्हे के क्रंदन से माँ,
लोरी–मीठे बोल बना लेती है···
अचरज था बच्चे को
कैसे माँ रोटी गोल बना लेती है···
सच में, माँ बचपन से
हीरा अनमोल बना लेती है···

(73)

सोया नहीं मैं
नींद अच्छे काम आ गई···
बचपन की यादें
माँ की याद आ गई···

(72)

*Never satiated, the child
Suckles the nectar of maternal love...
From the child's cry does Mother
Improvise a canorous lullaby...
Oft has the child marveled how her
Rotis came so perfectly round...
Verily, from out of childhood
Mother cuts out a priceless diamond...*

(73)

*I could not sleep,
But used well, the sleep I lost...
With recollection of childhood,
Memories of Mother...*

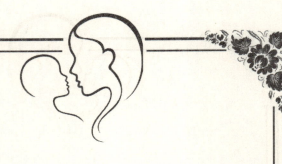

(74)

पूछते हैं लोग ज़िंदगी में
क्या किया है मैंने...
बहुत ख़ुश हूँ मैं ज़िंदगी से
माँ को हर पल जिया है मैंने...

(75)

माँ की दुआओं से ख़ज़ाना
मेरा भरा भरपूर है...
चीर देता हूँ अकेले ही अँधेरा
भले ही सूरज दूर है...

(74)

People do ask in life
What have I achieved...
I am very happy with my life
For every moment
I have lived up to mother's hopes...

(75)

With mother's blessings
Is my treasure trove full...
I rip apart
The darkness all alone
Though far away is the Sun...

(76)

माँ की ख़ुशियों को
चार चाँद लगाने को
काफ़ी है
आँखों का तारा⋯
आज माँ की आँखों की
चमक के आगे
सूरज भी हारा⋯

(77)

एक कर दिया था ज़मीं-आसमाँ
माँ-बाप ने, बच्चों की ख़ुशियों में
चार चाँद लगाने को⋯
कोई अवतार इनके लिए भी उतरे,
भटके बच्चों को दर्पण दिखाने को⋯

(76)

The apple of her eye suffices
To brighten the radiance of
Mother's happiness...
Today, even the Sun looks dim
Before the sparkle of mother's eyes...

(77)

Parents moved heaven and earth
To add sparkle to children's joy...
Hope an angel descends from the skies
Holding a mirror to imprudent kids...

(78)

हिस्से का बचपना,
बच्चे बचपन में भी
करते थे...
माँ-बाप भले ही
फलों का हिस्सा,
बराबर का
करते थे...

(79)

सर्दी, धूप, बरसात में,
पिताजी खड़े होते हैं...
लता की तरह
माँ से लिपटने वाले
बच्चे यूँ बड़े होते हैं...

(78)

This childish deed of division
Was part of childhood, too...
Though parents would apportion
Fruits equally...

(79)

Father weathers
winter rain and shine...
So that kids grow
Clinging to Mother
Like creepers...

(80)

शैतान बच्चे
शरारत छिपाने को
नित–नई कहानी बुनें…
बापू गुस्सा हो जाए
माँ शांत धीरज से सुनें…

(81)

दुःख जाने
दुखियारा जाने,
किसको इतना वक़्त…
मूरत भये गर भंग तो,
तज देते हैं भक्त…
तज देते हैं भक्त,
पर मात–पिता अति–विशेष…
विकलांग, हज़ार कमी बच्चों में,
फिर भी आजीवन पूजे मानकर 'गणेश'…

(80)

Mischievous children
Always weave new tales
To paper over mischiefs...
Father loses his cool
Mother listens, calm and patient...

(81)

The sufferer alone deals with sufferings...
Others are immersed in their own innings...
Distraught...
An Idol, if chipped off
Is jilted by devout...
But exceptional are parents ,
Disabled kids, numerous foibles, aberrant...
Even then they treat them as 'Ganesha', adore ...
Affection galore...

(82)

मुसीबत के भँवर में जब,
याद करता हूँ माँ को,
दुगुना जोश हो जाता है...
मुसीबत का पहाड़
टूट पड़ने से पहले ही
ज़मींदोज़ हो जाता है...

(83)

पुत्र-पौत्र एक छत के नीचे,
दादा की छत भिन्न...
बेटा जी अनभिज्ञ क्यूँ
पीढ़ीगत ये जिन्न...

(82)

When in the whirlpool of woes,
Streams of thought of mother flows....
Lo and behold, My resolve goes up two-fold....
Mountain of disaster,
Before it falls on and leaves me battered...
It descends into earth, shattered...

(83)

Son & grand kid, Under one & the same roof...
But separate is Grandparent's roof, aloof...
Why the son Oblivious & incognizant...
Of this hereditary endowment...

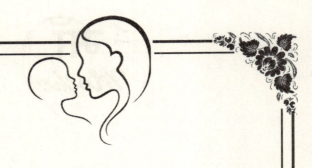

(84)

कौन कहता है लाचार–बेघर हूँ मैं,
उसकी आँख का हीरा–तारा–ज़ेवर हूँ मैं···
उसकी दुआओं का नम्दा पाँवों तले,
सर पर हाथ उसका ज्यूँ आसमां है···
मुझे फ़िक्र ही नहीं फैसले की,
मेरी वकील मेरी माँ है···

(84)

Who says I'm helpless and homeless?
I am the gem of her eye,
The star, her adornment...
Her prayers are akin to
Soft mat beneath my feet...
And her hand on my head
Is like the sky above...
No verdict worries me,
For my lawyer is my mother...

□□□